Consejos Prácticos
—— *para* ——
TODO MATRIMONIO

COMPILADO POR ALICE GRAY,
STEVE STEPHENS, JOHN VAN DIEST

Publicado por
Editorial Unilit
Miami, Fl. 33172
Derechos reservados

© 2003 Editorial Unilit (Spanish translation)
Primera edición 2003

© 2001 por Alice Gray, Steve Stephens, y John Van Diest
Originalmente publicado en inglés con el título:
Lists To Live By For Every Married Couple
por Multnomah Publishers, Inc.
204 W. Adams Avenue, P. O. Box 1720
Sisters, Oregon 97759 USA

Traducido al español por: Alejandro Las y Cristina B. Ehemann
Cubierta y diseño interior por: Uttley DouPonce Design Works
Fotografía de la cubierta por: Eyewire

Las citas bíblicas señaladas con lbd se tomaron de la Santa Biblia, *La Biblia al
Día*. © 1979 por la Sociedad Bíblica Internacional. Usada con permiso. Las listas
contenidas en este libro no pretenden sustituir la consejería profesional de
personas u organizaciones capacitadas. Para información completa y actualizada,
consulte un consejero profesional.

Producto 497826
ISBN 0-7899-1072-1
Impreso en Colombia
Printed in Colombia

Contenido

Introducción

¡El matrimonio es maravilloso! No siempre es fácil, pero aun así es maravilloso.

Sea cual sea el estado de su matrimonio hoy día, se puede enriquecer con las ideas contenidas en este precioso recurso, las cuales se leen con rapidez y se aplican con facilidad.

Tiernas y firmes...

Inspiradoras y prácticas...

Entretenidas y capaces de cambiar la vida...

Lea las verdades y la sabiduría contenida en cada página, y descubra la manera de experimentar el increíble gozo de un matrimonio que dure toda la vida.

ALICE GRAY, DR. STEVE STEPHENS Y JOHN VAN DIEST

Los cinco lenguajes del amor

1. PALABRAS DE AFIRMACIÓN

   Cumplidos, palabras de ánimo y súplicas antes que demandas afirman la autoestima de su cónyuge.

2. TIEMPO DE CALIDAD

   Pasar tiempo de calidad juntos al compartir, escuchar y participar en actividades significativas comunica que en verdad nos preocupamos y nos disfrutamos el uno al otro.

3. RECIBIR REGALOS

   Los regalos son símbolos tangibles de amor, ya sean cosas que uno haya comprado o hecho, o son solo su propia presencia a disposición de su cónyuge. Los regalos demuestran su preocupación y representan el valor de la relación.

4. ACTOS DE SERVICIO

La crítica de su cónyuge al fallar en hacer algo por usted quizá sea una indicación de que los «actos de servicio» sea su principal lenguaje del amor. Los actos de servicio nunca se deben imponer, sino deben darse y recibirse con libertad, y realizarse como se solicitaron.

5. TOQUE FÍSICO

El toque físico, como un gesto de amor, llega hasta lo profundo de nuestro ser. Como lenguaje del amor, es una poderosa forma de comunicación: desde el toque más pequeño en el hombro hasta el beso más apasionado.

GARY CHAPMAN
De *Los Cinco Lenguajes del Amor*

Cosas para decir a su cónyuge

«Te amo».

«Me equivoqué».

«¡Buen trabajo!»

«¿Qué te gustaría?»

«Eres maravilloso».

«¿Qué tienes en mente?»

«¡Eso fue genial!»

«Permíteme tan solo escuchar».

«Aprecio todas las cosas que has hecho por mí todos estos años».

«Te extrañé hoy».

«Eres muy especial».

«No podía apartarte de mi mente hoy».

«¿Qué puedo hacer para ayudar?»

«Ora por mí».

«Estoy orando por ti hoy».

«Me fascina ver tus ojos brillar cuando sonríes».

«Como siempre, luces estupenda hoy».

«Confío en ti».

«Gracias por amarme».

«Siempre puedo contar contigo».

«Gracias por aceptarme».

«Haces que me sienta bien».

«Haces que cada día sea más brillante».

«Valoro cada momento que pasamos juntos».

«Lo siento».

DR. STEVE STEPHENS
De *Marriage: Experience the Best*
[Matrimonio: Experimente lo mejor]

Cosas para no *decir a su cónyuge*

«Te lo dije».

«Puedo hacer todo lo que quiera».

«Eres igual a tu madre».

«Si no te gusta, te puedes ir».

«Siempre estás de mal humor».

«¿Acaso no puedes hacer nada bien?»

«Sencillamente no piensas».

«Eso fue tonto».

«La culpa es tuya».

«Lo único que haces es pensar siempre en ti».

«¿Qué te pasa?»

«Si me amaras de verdad, harías esto».

«Lo único que haces siempre es quejarte».

«Pareces un bebé».

«No puedo hacer nada que te agrade».

«Te pago con la misma moneda».

«Tienes lo que te mereces».

«Mereces una dosis de tu propia medicina».

«¿Por qué nunca me escuchas?»

«¿Cuál es tu problema?»

«¿Podrías ser un poco más responsable?»

«Nunca logro entenderte».

«¿En qué estabas pensando?»

«¿Acaso siempre tienes la razón?»

«¡Eres imposible!»

«No sé por qué te soporto».

DR. STEVE STEPHENS
De *Marriage: Experience the Best*
[Matrimonio: Experimente lo mejor]

Dieciocho cualidades a desarrollar en su matrimonio

1. Actitud positiva

2. Valores espirituales

3. Sentido del humor

4. Fidelidad

5. Sinceridad

6. Respeto

7. Habilidades de buena comunicación

8. Diligencia y trabajo duro

9. Compasión

10. Espíritu de travesura

11. Generosidad

12. Espíritu perdonador

13. Flexibilidad

14. Confianza

15. Sensibilidad

16. Entendimiento

17. Sentido común

18. Sabiduría con el dinero

AL Y ALICE GRAY
¡Treinta y cuatro años de casados y lo disfrutan!

Los diez principales errores que cometen las parejas

1. Evitar el conflicto. El conflicto que se evita exige la represión de la ira, lo cual lleva a la depresión de los sentimientos. Un compañerismo genuino y apasionado requiere del conflicto, no de una amabilidad terminal o retirada.

2. Evitarse el uno al otro. El retiro ocasional es saludable. Sin embargo, hacerlo de manera habitual (levantar un muro) es mortal para el compañerismo.

3. Intensificación. El conflicto, cuando se maneja con habilidad, es una de las claves para una gran relación. El conflicto fuera de control es una excusa para el abuso físico, verbal o sicológico.

4. Crítica. Tener el hábito de hablar (o pensar) en forma crítica es duro para una relación. La crítica casi siempre es una señal de que el que critica tiene que hacer algún trabajo de desarrollo personal.

5. Mostrar desprecio. El desprecio es la crítica agravada de manera absoluta al abuso mental.

6. *Reaccionar a la defensiva*. El temor es natural. La actitud defensiva acompaña al temor de forma natural. Una buena relación de pareja requiere practicar técnicas que le permitan dejar caer las defensas, a pesar de su temor.

7. *Negar la responsabilidad*. Cuando niega la responsabilidad de su parte en el asunto, acaba por culpar a su pareja y tratar de cambiarlo.

8. *Reescribir la historia*. Recordar ante todo las experiencias negativas en una relación es una señal de un futuro resquebrajamiento. Todas las parejas tienen puntos difíciles.

9. *Negarse a pedir ayuda*. ¡La consejería y la disposición dan resultados!

10. *Creer que el cambio de pareja es la solución*. Es posible que las personas pasen por varias parejas mientras que evitan sin cesar los mismos problemas.

MARTY CROUCH
Mentor

Citas matrimoniales

1. Haga de la cita con su cónyuge su prioridad número uno.

2. Pídale a su esposa salir de manera formal.

3. Establezca noches regulares para sus citas: márquelas en su calendario.

4. Negocien quién planea la cita. (Ella planea una, luego lo hace él, después es el turno de ella otra vez).

5. Sea positivo si su pareja elige un lugar que no es su favorito. (Recuerde que lo importante es con quién está y no lo que haga).

6. Sea creativo y no caiga en la rutina de hacer siempre las mismas viejas cosas.

7. Asegúrese de pasar algún tiempo durante la cita hablando y escuchando.

8. No hablen en la cita sobre las finanzas, los niños ni los problemas.

9. Tenga su mejor comportamiento.

10. Haga algo romántico.

11. Tómense de las manos.

12. Diviértanse.

Actividades divertidas para parejas amigas

Hagan un viaje a las montañas.

Planeen un picnic en el parque.

Cocinen juntos la cena.

Visiten un museo.

Salgan de caminata.

Comiencen un club de libros.

Compartan motivos de oración.

Aprendan juntos un nuevo juego de cartas.

Alquilen películas antiguas.

Vuelen barriletes.

Asistan a un juego o a un evento deportivo.

Visiten una feria de arte y artesanías.

Descansen y recréense en algún área de recreación,
tales como un lago, un río o un parque.

Tricia Goyer
Extractado de la revista *HomeLife*

CONSEJOS PRÁCTICOS

Comuníquese

Decida escuchar de verdad.

Dispóngase a hablar siempre que sea importante para su cónyuge.

Satisfagan sus necesidades mutuas sin quejarse.

Cuide sus modales.

Entienda que las palabras negativas causan gran daño.

Nunca se vaya a la cama enojado.

Inicie el contacto físico para afirmar su amor.

Elógiense entre sí todos los días.

Cuiden los sentimientos mutuos.

Díganse el uno al otro el amor que sienten.

Exprese su aprecio a Dios por haberlos unido.

UN REGALO PARA SU CÓNYUGE

EL REGALO DE LA CONVERSACIÓN:

Hablar de mis esperanzas y temores y
todo lo que está en mi corazón.

SABIDURÍA PARA EL MATRIMONIO

*Amar y ser amado es sentir
el sol de ambos lados.*

BARBARA JOHNSON

*El deber logra que hagamos bien
las cosas, pero el amor logra que
las hagamos con belleza.*

PHILLIPS BROOKS

*El amor no es ciego;
el amor ve en sí muchísimo más.
El amor ve las ideas y
el potencial en nosotros.*

OSWALD CHAMBERS

¿Qué es el amor?

---

1. El amor se deleita en dar atención más que en atraerla.

2. El amor encuentra el elemento del bien y edifica sobre él.

3. El amor no exagera los defectos.

4. El amor es una llama que calienta, pero nunca quema.

5. El amor sabe cómo estar en desacuerdo sin llegar
   a ser desagradable.

6. El amor se regocija en el éxito de otros en lugar
   de ser envidioso.

PADRE JAMES KELLER,
fundador de «Los Cristóforos»
Según se cita en *More of...The Best of Bits & Pieces*
Más de... Lo mejor de los bártulos], editado por el Dr. Rob Gilbert

---

¿Qué nos acerca más a Dios?

Apreciar la naturaleza

Orar

Asistir a la iglesia

Tener la misma fe

Ayudar a otros

Leer la Biblia

Leer devocionales

Mostrar compasión

Libros espirituales

Meditar

Usar los dones

Escuchar música espiritual

Ir a un estudio bíblico

Hablar con quienes tienen creencias similares

Diezmar

Perdonar a otros

Confesar los pecados

Evitar los vicios

Memorizar versículos bíblicos

Hacer el bien

Dar al pobre y al necesitado

DR. STEVE STEPHENS
De *Understanding the One You Love* [Comprenda al ser que ama]

Doce ocasiones para decir «Lo siento»

Diga «Lo siento» (de corazón) siempre que...

1. Esté equivocado.

2. Sea grosero.

3. Esté a la defensiva.

4. Esté impaciente.

5. Sea negativo.

6. Hiera.

7. Sea insensible.

8. Sea olvidadizo.

9. Esté confundido o sea confuso.

10. Haya descuidado, ignorado o pasado por alto algo importante para el ser amado.

11. Haya dañado, usado mal o estropeado algo que no es suyo (incluso si fue por accidente).

12. No dijera «Lo siento» con la rapidez y la sinceridad que exigía la situación.

Cosas que se tienen *en el matrimonio*

1. Buena comunicación

2. Habilidad para resolver conflictos

3. Intereses y metas comunes

4. Flexibilidad para resolver problemas

5. Relaciones sexuales saludables y de satisfacción mutua

6. Similares creencias espirituales

7. Acuerdos financieros

8. Diversión en conjunto

9. Actitud comprensiva del uno hacia el otro

10. Respeto mutuo

Cosas que no se hacen *en el matrimonio*

No se enojen el uno con el otro al mismo tiempo.

No se griten el uno al otro, a menos que se incendie la casa.

No se resista a ceder frente a los deseos del otro.

No se critiquen sin amor.

No traigan a colación errores del pasado.

No permitan que el día termine sin haber dicho
por lo menos algo amable o un elogio a su cónyuge.

No se reúnan sin un recibimiento afectuoso.

No dejen que el sol se ponga sobre una discusión
sin resolver.

No se aferren al orgullo; pidan perdón.

No olviden: Se requieren dos personas para tener una pelea,
pero solo una para detenerla.

Lic. GLENDA HOTTON
Consejera

Pequeñeces encantadoras para que hagan las esposas

- Ore por su esposo cada día.

- Muéstrele su amor incondicional.

- Dígale que cree que es el mejor.

- Muéstrele que cree en él.

- No hable de forma negativa a él ni sobre él.

- Dígale cada día que lo ama.

- Mírelo con admiración.

- Muéstrele que disfruta su compañía.

- Escúchelo cuando le hable.

- Abrácelo con frecuencia.

- Béselo con ternura y romanticismo.

- Muéstrele que disfruta cuando piensa en las relaciones sexuales.

- Muéstrele que disfruta poder satisfacer sus necesidades sexuales.

- Tome la iniciativa sexual en ocasiones.

- Prepare su comida favorita en un momento inesperado.

- Demuestre su dedicación a él en público.

- Haga cosas para él que no se espera.

- Muéstrele a otros que está orgullosa de ser su esposa.

- Frote su espalda, piernas y pies.

- Enfatice sus puntos fuertes, no sus debilidades.

- No intente moldearlo para que sea otra persona.

- Deléitese de sus gozos; sufra sus desilusiones.

- Muéstrele que sus momentos favoritos son con él.

- Muéstrele que le respeta más que a ningún otro.

- No le dé motivos para que dude de su amor.

- Deje notas que digan «Te amo» en lugares inesperados.

- Bríndele su atención total con frecuencia.

- Dígale que es «lo máximo».

- Permítale escuchar que le da gracias a Dios por él.

JERRY SOLOMON
De *Marriage, Family, and Sexuality*
[Matrimonio, familia y sexualidad]

*Ahora, pues, permanecen estas tres
virtudes: la fe, la esperanza y el amor.
Pero la más excelente de ellas es el amor.*

El apóstol Pablo

*En los sueños y en el amor
no hay imposibles.*

Janos Arany

*Alguien preguntó: «¿Puede haber algo más
hermoso que el amor joven?». Sí, existe
algo más hermoso que el amor joven.
El amor antiguo.*

Anónimo

Pequeñeces encantadoras para que hagan los esposos

- Dígale «Te amo» varias veces al día.

- Dígale a menudo que es bella.

- Bésela varias veces al día.

- Abrácela varias veces al día.

- Rodéela con sus brazos con frecuencia.

- Tómela de la mano cuando caminan.

- Venga por detrás de ella y abrácela.

- Siempre que sea posible siéntese a su lado.

- Frote sus pies en ocasiones.

- Dele un masaje en ocasiones.

- Ayúdela siempre con su silla y abra las puertas para ella.

- Pídale su opinión cuando tome decisiones.

- Muestre interés en lo que hace.

- Llévele flores en forma inesperada.

- Planifique salir una noche de sorpresa.

- Pregúntele si hay cosas que podría hacer por ella.

- Comuníquese con ella sexualmente.

- Muéstrele afecto en lugares públicos.

- Sírvale el desayuno en la cama.

- Acostúmbrese a pensar en ella primero.

- Muéstrele que está orgulloso de ser su esposo.

- Prepárese para ser romántico.

- Escriba una nota de amor en el espejo del baño.

- Llámela durante el día para decirle «Te amo».

- Llámela cada vez que vaya a llegar tarde.

- Permítale que lo vea cuando la mira con amor.

- Dígale que es «lo máximo».

- Permítale escuchar que le da gracias a Dios por ella.

JERRY SOLOMON
De *Marriage, Family, and Sexuality*
[Matrimonio, familia y sexualidad]

UN REGALO PARA SU CÓNYUGE

EL REGALO DEL TIEMPO:

Anímela a pasar tiempo
haciendo lo que más disfruta.

*Ah, la comodidad, la indescriptible
comodidad de sentirse a salvo
con otra persona.*

DINAH CRAIK

*Pocos deleites se pueden igualar a la
sencilla presencia de aquel en quien
confiamos por completo.*

GEORGE MACDONALD

*No causa sorpresa ver una pareja
joven que se ama, pero ver el amor en una
pareja anciana es la mejor escena de todas.*

WILLIAM M. THACKERAY

CONSEJOS PRÁCTICOS

Cinco principios para la comunicación auténtica

1. Los problemas de comunicación son casi siempre problemas del corazón.

2. Sus oídos son las herramientas más importantes de la comunicación.

3. La buena comunicación no ocurre por accidente.

4. La ausencia de conflictos no equivale a buena comunicación.

5. El motivo es más importante que la técnica.

JOSHUA HARRIS
Extractado de *Él y Ella*

¿Qué nos impide comunicarnos más?

Cuando...

- no sabemos qué decir.

- nos parece que no tenemos nada valioso que decir.

- tememos comenzar una pelea.

- nos preocupa que parezca algo tonto.

- no sabemos cómo expresar pensamientos y sentimientos en la debida forma.

- pensamos que requerirá mucho esfuerzo.

- sentimos que nuestra pareja no nos escuchará de verdad.

- estamos demasiado ocupados para hablar.

- tememos ser demasiado vulnerables.

- creemos que «hablar nos meterá en problemas».

Dr. Steve Stephens
De *Understanding the One You Love*
[Comprenda al ser que ama]

Doce acciones para un matrimonio de éxito

Pida

Escuche

Acepte

Respete

Arriésguese

Anime

Adáptese

Perdone

Dé

Ame

Ría

Consuele

Reinicio del romance después de los cincuenta años de edad

En nuestra encuesta nacional sobre matrimonios de muchos años, hemos descubierto que la satisfacción sexual en realidad aumenta, no disminuye, en las parejas que tienen treinta años o más de casados. Así que, ¿cómo reavivar la llama?

- SEA CARIÑOSO

    El romance no está reservado solo para el dormitorio. Cuando se es cariñoso, considerado y amable en otros momentos le añade sabor a su vida amorosa. Las llamadas telefónicas, notas, tomarse de las manos, un besito en la mejilla, un guiño de ojos de una parte del salón a la otra... todo esto le añadirá romance a su relación.

- SEA UN OYENTE

    Dos de las habilidades más importantes y estimulantes para el romance son el escuchar con el corazón y hablar con su cónyuge.

- **Sea aventurero**

  Pruebe un poco de espontaneidad. Explore.

- **Sea juguetón**

  El romance depende de su actitud y perspectiva.

- **Manténgase en buena forma**

  Haga suficiente ejercicio. Coma como es debido y descanse lo suficiente. Un chequeo físico anual es una buena inversión para la salud de su matrimonio.

- **Sea un poquito alocado**

  ¿Qué podría hacer para salirse un poco de viejas rutinas? Planifique una salida y secuestre a su esposa. O sorpréndala llegando a casa temprano o tomándose la mañana libre y quedándose en el hogar con ella.

David y Claudia Arp
De la revista *New Man*

Cómo hacer su recámara más romántica

○ *El sentido de la vista:*

Ordene. Agregue velas y flores y luces blancas tenues.

○ *El sentido del oído:*

Reúna sus casetes o discos compactos más románticos y descanse.

○ *El sentido del olfato:*

Ventile y refresque su cuarto. Use velas perfumadas.
Use su colonia o perfume favorito.

○ *El sentido del gusto:*

Tenga chocolate o fruta. Añádale sidra espumante.

○ *El sentido del tacto:*

Las sábanas y almohadas satinadas añadirán comodidad.
Use aceite para masajes y frótense la espalda el uno del otro.

BILL Y PAM FARRELL
Una pareja muy romántica

Nueve formas de animarse el uno al otro

Exprese amor.

Alimente su relación.

Cooperen entre sí.

Analice las maneras de demostrar amor con creatividad.

Entienda, no dé lecciones.

Recuerde sus bendiciones.

Acéptense el uno al otro.

Crezcan juntos.

Disfrútense el uno al otro.

DUANE STORY Y SANFORD KULKIN
De *Body and Soul* [Cuerpo y alma]

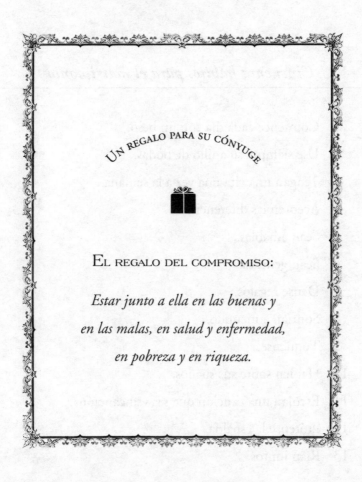

UN REGALO PARA SU CÓNYUGE

EL REGALO DEL COMPROMISO:

Estar junto a ella en las buenas y
en las malas, en salud y enfermedad,
en pobreza y en riqueza.

Cincuenta hábitos para el matrimonio

1. Comience cada día con un beso.

2. Use siempre su anillo de bodas.

3. Tengan una cita una vez a la semana.

4. Acepten las diferencias.

5. Sean amables.

6. Sean gentiles.

7. Dense regalos.

8. Sonrían a menudo.

9. Tóquense.

10. Hablen sobre sus sueños.

11. Escojan una canción que sea «su canción».

12. Frótense la espalda.

13. Rían juntos.

14. Envíele una carta sin ninguna razón en particular.

15. Haga lo que ella quiere antes que se lo pida.

16. Escuche.

17. Anime.

18. Haga las cosas a la forma de él.

19. Conozca las necesidades de ella.

20. Prepare el desayuno favorito de él.

21. Hágale cumplidos a ella dos veces al día.

22. Llámelo.

23. Ande con calma.

24. Tómense de las manos.

25. Abrácense con cariño.

26. Pregunte la opinión de ella.

27. Muestre respeto.

28. Dele la bienvenida al hogar.

29. Vístase lo mejor para él.

30. Hágale un guiño de ojos a ella.

31. Celebren los cumpleaños en una forma memorable.

32. Discúlpense.

33. Perdonen.

34. Fijen una salida romántica.

35. Pregunte: «¿Qué puedo hacer para hacerte más feliz?».

36. Sea positivo.

37. Sea amable.

38. Sea vulnerable.

39. Responda con rapidez a los pedidos de él.

40. Hable sobre su amor.

41. Recuerden sus momentos favoritos juntos.

42. Trate a los amigos y familiares de ella con cortesía.

43. Envíe flores en cada día de San Valentín y aniversario.

44. Admita cuando se equivoca.

45. Sea sensible a los deseos sexuales de él.

46. Ore por ella cada día.

47. Miren los atardeceres juntos.

48. Diga «Te amo» con frecuencia.

49. Termine cada día con un abrazo.

50. Busque ayuda externa cuando la necesite.

DR. STEVE STEPHENS
De *Understanding the One You Love*
[Comprenda al ser que ama]

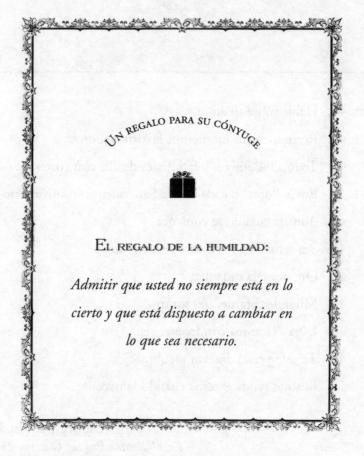

UN REGALO PARA SU CÓNYUGE

EL REGALO DE LA HUMILDAD:

Admitir que usted no siempre está en lo cierto y que está dispuesto a cambiar en lo que sea necesario.

¿Por qué es tan importante el matrimonio saludable?

1. Enseña lo que es el amor.

2. Conquista la soledad.

3. Cuida y protege a los hijos.

4. Edifica el carácter.

El verdadero amor...

- ⟳ Muestra un compromiso diario hacia la felicidad del otro.

- ⟳ Quiere hacer lo que el otro disfruta

- ⟳ Garantiza espacio cuando se necesita.

- ⟳ Conoce los puntos débiles del otro y no los menciona.

- ⟳ Alaba los puntos fuertes del otro.

- ⟳ Expresa sentimientos con sinceridad y sensibilidad.

- ⟳ Demuestra honradez.

- ⟳ Cree lo mejor del otro.

SABIDURÍA PARA EL MATRIMONIO

Que la esposa logre que el esposo esté feliz
de llegar al hogar, y que el esposo logre que
ella se aflija cuando él tenga que salir.

MARTÍN LUTERO

Ámense de todo corazón
los unos a los otros.

EL apóstol PEDRO

El amor conforta así como el resplandor
del sol después de la lluvia.

WILLIAM SHAKESPEARE

¿Cuán bien nos comunicamos?

1. Ambos estamos dispuestos a escuchar cuando uno de los dos quiere hablar.

2. Ambos somos compasivos y comprensivos cuando uno de los dos quiere expresar sentimientos más profundos.

3. Ninguno tiene que sopesar sus palabras con cuidado a fin de impedir que el otro se enoje o se moleste.

4. Por lo general, ambos tenemos cosas interesantes de las que hablar el uno al otro.

5. Por lo general, ambos estamos satisfechos con nuestros esfuerzos para agradarnos el uno al otro en lo sexual, incluyendo la conversación franca sobre las relaciones sexuales.

6. Ambos vemos a nuestra pareja como el mejor amigo y sentimos la libertad de manifestar heridas y frustraciones, aun cuando no estamos de acuerdo.

7. En general no nos interrumpimos el uno al otro.

8. Ambos nos esforzamos para no menospreciarnos ni subestimarnos el uno al otro delante de otras personas.

9. Ninguno de los dos tiene el hábito de criticar ni corregir al otro.

10. Cada uno ayuda al otro a sentirse bien con respecto a sí mismo y hace que el otro sepa lo valioso e importante que es para uno.

11. Cada uno entiende y respeta el deseo del otro de tener en ocasiones privacidad y momentos para estar a solas.

12. Ninguno de los dos duda en disculparse cuando ha ofendido al otro.

13. A ambos nos resulta fácil hablar sobre nuestra vida espiritual juntos.

14. Ambos somos sensibles al apoyo emocional que deseamos y necesitamos.

FLORENCE Y FRED LITTAUER
Adaptado de *After Every Wedding Comes a Marriage*
[Después de cada boda viene un matrimonio]

Cómo dirigimos mal el conflicto

Al evitarse

Con amenazas

Al desenterrar el pasado

Al culparse

Con el menosprecio

Al explotar

Con manipulación

Al tratar de ganar antes que entender

Al negarse a hacer las paces

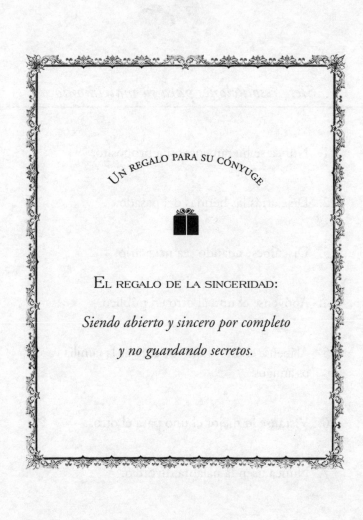

UN REGALO PARA SU CÓNYUGE

EL REGALO DE LA SINCERIDAD:

Siendo abierto y sincero por completo

y no guardando secretos.

Siete resoluciones para su matrimonio

1. Nunca se hieran entre sí a propósito.

2. Deje atrás las heridas del pasado.

3. Discúlpese cuando sea necesario.

4. Apóyense el uno al otro en público.

5. Alábense el uno al otro delante de la familia y os amigos.

6. Vístanse lo mejor el uno para el otro.

7. Nunca usen la palabra divorcio.

Veinte formas de hacer que su esposa se sienta especial

1. Pídale que baile cuando escuche su canción de amor.

2. Lustre los zapatos de ella para ocasiones especiales.

3. Tenga una buena conversación cuando hubiera preferido leer el periódico.

4. Dele un masaje en la espalda sin la expectativa de hacer el amor después.

5. Cómprele y plante un rosal como sorpresa.

6. Mantenga su casa reparada y en orden.

7. Asegúrese que el auto tenga buenos neumáticos y que esté en buenas condiciones.

8. Dele la mano cuando conduce a la familia en oración.

9. Haga una lista de todos los documentos que son importantes y dónde los tiene.

10. Busque la forma de ahorrar algo de cada salario.

11. Pídale su opinión antes de tomar decisiones.

12. Sosténgala con ternura cuando ella llora y dígale que está todo bien.

13. Pídale que salga con usted y planee toda la cita, incluyendo el hacer las reservaciones.

14. De vez en cuando, invítela a comer algún postre especial en un restaurante.

15. Entienda cuando ella olvida ingresar los gastos en el libro de contabilidad.

16. Aféitese en su día libre.

17. Llame si es que se va a retrasar más de quince minutos.

18. Anímela a tener un tiempo con sus amigas.

19. Recuerde llevar un pañuelo limpio cuando vayan a ver una película romántica.

20. Cuando se preocupe con la vejez, dígale que siempre será bella.

AL GRAY
Treinta y cuatro años de casado

Veinte formas de hacer que su esposo se sienta especial

1. No lo interrumpa ni lo corrija cuando narra una historia.

2. Elógielo delante de sus hijos, los padres de ambos y sus amigos.

3. Preocúpese de su apariencia como cuando eran novios.

4. Permítale tener algún tiempo para descansar cuando llega a casa de su trabajo.

5. Desarrolle un interés genuino en su trabajo y en sus pasatiempos.

6. Admírelo por su fuerza y su importancia.

7. Si quiere llevarse el almuerzo al trabajo, empáqueselo.

8. Intente estar en casa (y fuera del teléfono) cuando llega a casa del trabajo y levantada en la mañana cuando se va.

9. Entusiasme a sus hijos por recibir a su papá cuando va a llegar a casa.

10. Cómprele medias y prendas interiores en días comunes y corrientes, en vez de dárselos como regalos en los días especiales o en su cumpleaños.

11. Mantenga su dormitorio decorado con gusto y libre del desorden.

12. Entienda cuando él quiera pasar algún tiempo disfrutando los deportes o algún pasatiempo con sus amigos.

13. Mantenga su merienda favorita a mano.

14. Ajústese al presupuesto.

15. Mire su deporte favorito junto a él.

16. Procure ir a la cama al mismo tiempo que él, y entienda si se duerme en el sofá luego de un arduo día.

17. Intercambie el cuidar los niños con alguna pareja amiga, así pueden tener algunas noches en casa a solas.

18. Mantenga las relaciones sexuales frescas y entusiastas, y recuerde que tal vez los deseos de él sean más frecuentes que los suyos.

19. Hornee galletitas para que él se las lleve al trabajo.

20. *Pregúntese* lo siguiente cada día: «¿Qué se siente al estar casado conmigo?».

ALICE GRAY
De su seminario *Three Treasures for Every Marriage*
[Tres tesoros para cada matrimonio]

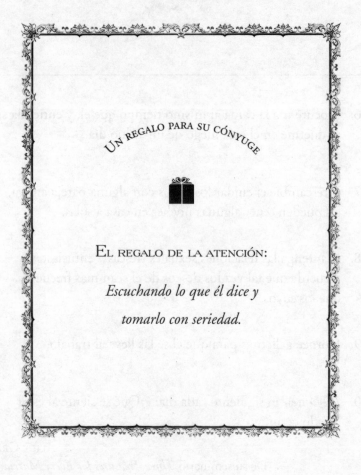

UN REGALO PARA SU CÓNYUGE

EL REGALO DE LA ATENCIÓN:

Escuchando lo que él dice y

tomarlo con seriedad.

*Somos formados y amoldados
por las cosas que amamos.*

GOETHE

*El matrimonio no consiste tanto en
encontrar a la persona adecuada,
sino en ser la persona adecuada.*

CHARLES W. SHEDD

*¡Envejece conmigo!
Lo mejor está por venir,
el final de la vida para lo cual
el comienzo fue creado.*

ROBERT BROWNING

Entre un esposo y la esposa

- ○ Nos proveemos de seguridad emocional, física y espiritual.

- ○ Nos prometemos amor incondicional y aceptación.

- ○ Nos decimos en cientos de formas: «¡Nos pertenecemos el uno al otro!».

- ○ Proveemos y somos sensibles a las necesidades de cada uno.

- ○ Nos somos fieles, yendo contra el rumor y la crítica, enfrentando el fracaso, a pesar de los desengaños.

DAVID Y HEATHER KOPP
Extractado de *Unquenchable Love*
[El amor inextinguible]

Un matrimonio libre de remordimientos

1. Rechace el divorcio.

2. Haga que la felicidad de su cónyuge sea su prioridad.

3. Evite decirle palabras hirientes a su cónyuge.

4. Construya buenos recuerdos con su cónyuge.

ROBERT JEFFRESS
De *Say Goodbye to Regret*
[Diga adiós al remordimiento]

UN REGALO PARA SU CÓNYUGE

EL REGALO DEL CUIDADO:

*Hacer lo mejor para conocer y satisfacer
las necesidades emocionales de ella.*

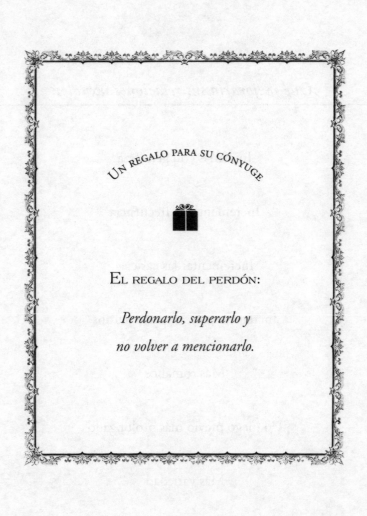

UN REGALO PARA SU CÓNYUGE

EL REGALO DEL PERDÓN:

Perdonarlo, superarlo y
no volver a mencionarlo.

¿Qué mejoraría sus relaciones sexuales?

Iniciarlas con gentileza

Incrementar la frecuencia

Incrementar las caricias

Incrementar los abrazos tiernos

Más romance

Un juego previo más prolongado

Más variedad

Mejor comunicación

Mayor higiene

Incrementar la pasión

Una atmósfera romántica (música, velas, perfume)

Incrementar la paciencia

Diferentes momentos del día

DR. STEVE STEPHENS
De *Understanding the One You Love*
[Comprenda al ser que ama]

UN REGALO PARA SU CÓNYUGE

EL REGALO DEL RESPETO:

*Trátela con cortesía, tanto en palabra
como en hechos.*

Consejos para los desafiados románticamente

1. ***Agasájela con elogios.*** Los elogios no solo la impresionan; cambian su propia percepción.

2. ***Intente cosas nuevas.*** El aburrimiento es un enemigo mortal de las relaciones.

3. ***Establezca ciertos rituales.*** Los rituales románticos aseguran que uno pase tiempo de calidad junto al otro en forma habitual. Si uno espera hasta sentirse espontáneo o «con el humor» de ser romántico, puede terminar esperando un largo tiempo.

4. ***¡Salga!*** No cometa el error de pensar que no puede darse el lujo de salir en algún momento, ¡en realidad no puede permitirse el lujo de no hacerlo!

MICHAEL WEBB
Extractado de la revista *New Man*

Cincuenta cosas divertidas para hacer con su cónyuge

1. Miren un álbum de fotos.

2. Tengan una cena a la luz de las velas.

3. Frótense la espalda el uno al otro por quince minutos.

4. Hagan una cita para ir a un concierto o a una obra teatral.

5. Escuchen su grabación favorita.

6. Hagan una pequeña caminata.

7. Salgan a mirar vidrieras.

8. Cuéntense dos chistes.

9. Escríbanse un poema el uno al otro.

10. Vayan a ver una película.

11. Jueguen a las adivinanzas.

12. Compren una planta.

13. Lean juntos un libro, una historia o un artículo.

14. Planeen una salida al zoológico.

15. Canten juntos algunas canciones.

16. Horneen juntos unas galletitas (limpien también los dos).

17. Visiten a alguien de sorpresa.

18. Vayan a jugar a los bolos.

19. Háganse tarjetas amorosas el uno al otro.

20. Lean Cantares.

21. Jueguen a las escondidas.

22. Hablen sobre sus recuerdos favoritos.

23. Vayan de camping (en un campamento o en el patio).

24. Salgan a montar bicicleta.

25. Tengan una barbacoa de salchichas.

26. Llame a su cónyuge solo para decirle «Te amo».

27. Envíe flores sin ninguna razón en particular.

28. Llame e invite a su cónyuge a almorzar.

29. Ponga una nota amorosa donde su cónyuge la pueda encontrar.

30. Hagan palomitas de maíz o un dulce.

31. Nárrense cuentos antes de irse a dormir.

32. Salgan a pasear en auto a lugares pintorescos.

33. Representen una obra o una parodia el uno al otro.

34. Planifiquen una salida a la playa.

35. Pasen un día en la ciudad.

36. Sorprenda al otro con una reservación para ir a cenar.

37. Pasen una noche en un hotel.

38. Participen en su juego de mesa favorito.

39. Pasen toda una tarde caminando.

40. Pinten con los dedos.

41. Vayan de picnic.

42. Jueguen al tenis.

43. Salgan a tomar el desayuno.

44. Trabajen juntos en el jardín.

45. Laven el auto.

46. Tengan una pelea de almohadas.

47. Hagan el amor a la luz de las velas.

48. Tomen juntos una clase.

49. Pasen una velada delante de la chimenea.

50. Asistan a un evento deportivo.

Cómo ser feliz en el matrimonio

Si quiere ser feliz en el matrimonio tendrá que...

Confiar

Amar

Ser paciente

Ser fiel

Ser firme

Ser santo

MARTIN F. TUPPER
Filósofo del siglo diecinueve

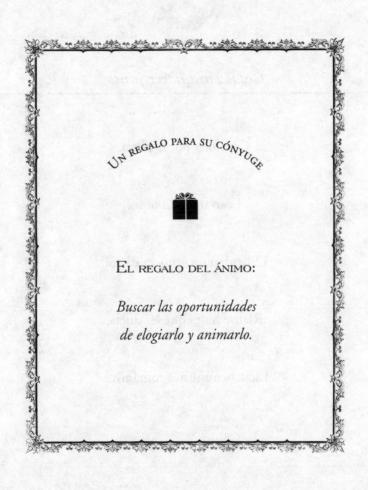

UN REGALO PARA SU CÓNYUGE

EL REGALO DEL ÁNIMO:

Buscar las oportunidades
de elogiarlo y animarlo.

Cosas para hacer juntos

Caminen por la playa.

Lean un gran libro.

Disfruten una puesta de sol.

Ríanse hasta que les duela.

Escuchen música romántica.

Acurrúquense en frente de la chimenea.

Miren su vídeo favorito.

Preparen una comida.

Ayuden a algún necesitado.

Envejezcan juntos.

Constructores de la confianza

---

1. Mostrarle a otros cuán orgulloso está de su cónyuge.

2. Mantener su palabra.

3. Hacer de su cónyuge una prioridad.

4. Saber cuándo su cónyuge tiene estrés y hacer lo posible por reducirlo.

5. Ser confiable.

6. No olvidar nunca su aniversario.

7. Darse espacio entre sí cuando sea necesario y estar cerca el resto del tiempo.

8. Usar siempre el anillo de bodas.

Destructores de la confianza

1. Guardarse secretos el uno al otro.

2. No ser sinceros.

3. Coquetear con otra persona.

4. Avergonzar a su cónyuge.

5. Romper promesas.

6. Ser crítico.

7. Falta de continuidad.

8. No mostrar un amor completo, sin egoísmo y comprometido.

Trece reglas para una pelea justa

1. Hagan una cita para la discusión.

2. Háganlo cara a cara.

3. Limiten la conversación a un asunto.

4. Mantengan el respeto.

5. Permanezcan enfocados en el presente.

6. Concéntrense primero en entender y después en que lo entiendan.

7. Concéntrense en el problema, no en la persona.

8. Eviten distracciones.

9. Mantengan la discusión limpia.

10. Mantengan el tacto.

11. Tomen un pequeño receso si es necesario.

12. No se interrumpan.

13. Recuerde que su realidad no es la única realidad.

DRA. CAROL CLIFTON
Sicóloga

Ore por él...

Ore por sus...

Tentaciones

Trabajo

Fe

Salud

Éxito

Ore por ella...

Ore por su...

Actitud

Paciencia

Sabiduría

Energía

Contentamiento

CONSEJOS PRÁCTICOS

Oren juntos por...

Comunicación

Unidad

Amor

Entendimiento

Gozo

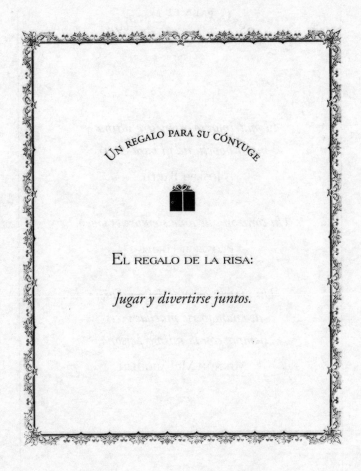

UN REGALO PARA SU CÓNYUGE

EL REGALO DE LA RISA:

Jugar y divertirse juntos.

❧

*El matrimonio es nuestra última y
mejor oportunidad para crecer.*

JOSEPH BARTH

Un corazón que ama siempre es joven.

PROVERBIO GRIEGO

*Un matrimonio de éxito requiere
de enamorarse muchas veces,
siempre con la misma persona.*

MIGNON McLAUGHLIN

Siete compromisos para un matrimonio fuerte

Nos comprometemos a...

1. La unidad en cuerpo, espíritu y alma.

2. La comunicación positiva.

3. Tiempos de calidad juntos.

4. Cultivar y desarrollar la relación.

5. Fidelidad emocional y sexual.

6. Sinceridad.

7. Un amor para toda la vida.

¿Cuáles son sus sueños?

• ¿Qué regalos nos daríamos el uno al otro que fueran más significativos?

• ¿Qué haríamos el uno por el otro que nos diera el mayor gozo?

• ¿Adónde han querido ir siempre pero aún no han ido?

• ¿Qué han querido hacer siempre pero que no lo han hecho?

• Si tan solo tuvieran un mes más de vida, ¿cómo les gustaría pasarlo? ¿Adónde les gustaría ir?

• ¿Qué es lo que quisieras que haga para mejorar nuestra relación?

• Si se nos diera un millón de dólares, ¿qué te gustaría hacer con el dinero?

• ¿Qué haríamos para que nuestra relación fuera más romántica?

• ¿Cómo puedo ayudarte a hacer realidad tus sueños?

Veinte ideas creativas y románticas que cuestan poco dinero

1. Vístanse con elegancia para una comida que traiga de su restaurante de comida rápida favorito. Tomen un mantel, un centro de mesa, un casete o un CD de su música romántica favorita y deléitense con una cena.

2. Compren un kilo de su helado favorito, vayan al parque más bonito de la ciudad, coloquen una manta sobre el césped y disfruten cada cucharada de helado.

3. Visiten un museo o una galería de arte. Hablen sobre el arte que les gusta y que les disgusta. Concéntrense en escuchar a la otra persona y aprender todo lo posible de lo que dice.

4. Salgan de paseo a un campo de tiro. Aplaudan cuando alguno de los dos dispare bien.

5. Vayan juntos a jugar a los bolos. Piensen en recompensas que se pueden dar por ganar el juego:
   Un masaje, una semana de lavar los platos, la promesa de pintar la cerca del frente, etc.

6. Hagan un paseo nocturno en una carreta de heno con otras parejas, cantando canciones de campamento, acompañados por un casete o una guitarra. Luego cocinen bajo la luz de las estrellas.

7. Escríbanse notas de amor el uno al otro y escóndanlas en lugares poco comunes como el congelador, un zapato, la guantera del auto, la bañera, en la caja de maquillaje o debajo de la colcha.

8. Vayan a bucear a un lago.

9. Coleccionen juntos hojas y piñas durante un día de otoño. Llévenlas al hogar y hagan adornos otoñales para la casa.

10. Asistan a un concierto al aire libre.

11. Compren un pase del Servicio de Bosques, vayan a un Bosque Nacional y corten su propio árbol de Navidad.

12. Compren una paráfrasis moderna del Cantares y léansela el uno al otro.

13. Salgan a pasear tomados de la mano por diferentes entornos naturales.

14. Miren juntos una puesta del sol.

15. Hagan adornos de «masa», cocínenlos y coloréenlos con los niños.

16. Alquilen las películas favoritas de ambos y tengan una doble función de cine en casa.

17. Vayan a su restaurante favorito por un postre. Lleven un álbum de fotos de sus hijos o de su boda y revivan sus momentos juntos.

18. Tenga una fiesta conmemorando la fecha de graduación de su esposa.

19. Junte a los niños y hagan un libro titulado «Por qué amo a mamá» o «Por qué amo a papá», complétenlo con textos e ilustraciones.

20. Salga con su esposa a pasar una tarde en su tienda favorita. Fíjese en los artículos que cuesten menos de veinte dólares que a ella más le gusten. Vuelva a la tienda al día siguiente y compre uno de esos artículos como regalo.

GARY SMALLEY Y JOHN TRENT
De *El amor es una decisión*

CONSEJOS PRÁCTICOS

Los veinte regalos más románticos

1. Una vuelta en globo aerostático para dos

2. Chocolate fino con una nota secreta de amor

3. Alquilar una casa rodante y salir un fin de semana en ella

4. Darse un baño de burbujas, con velas aromáticas y dos copas de champagne

5. Un mensaje personalizado en una cartelera

6. Hacer llegar un ramo de flores

7. Alquilar una canoa por dos horas

8. Una invitación por escrito para cenar en un restaurante favorito

9. Sábanas de seda

10. Montar a caballo por la playa

11. Una foto enmarcada de los dos

12. Salir en el auto y tener preparado un almuerzo sorpresa tipo picnic

13. La foto de un hotel con desayuno con la pregunta: ¿Cuándo vamos?

14. Un poema de amor colocado dentro de una galleta de la fortuna o una concha de mar

15. Un fin de semana en las termas, una casa de campo en las montañas o una cabaña junto a un lago

16. Un artículo de joyería con un mensaje personal grabado

17. Una obra de arte que ambos eligieron

18. Un paseo en trineo, carruaje o funicular

19. Una cierta cantidad de dinero para gastar en lencería

20. Un CD personalizado con su canción de amor favorita

DEBORAH WESTENDORF
Presidenta, The Hen's Tooth, Inc.

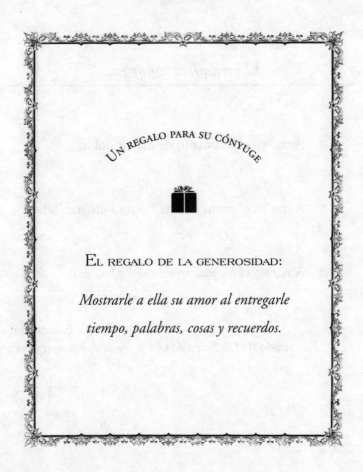

UN REGALO PARA SU CÓNYUGE

EL REGALO DE LA GENEROSIDAD:

Mostrarle a ella su amor al entregarle
tiempo, palabras, cosas y recuerdos.

CONSEJOS PRÁCTICOS

El verdadero amor es...

- ○ Amar en el momento de mayor dolor.

- ○ Amar en el momento de mayor vulnerabilidad.

- ○ Amar en el momento de mayor fracaso.

DR. GARY Y BARB ROSBERG
Extractado de *Las 5 necesidades de amor de hombres y mujeres*

❧

¡Goza con la esposa de tu juventud! [...]
¡Que su amor te cautive todo el tiempo!

EL REY SALOMÓN

De ahora en adelante habrá tal unidad
entre nosotros que, cuando uno llore,
el otro saboreará la sal.

ANÓNIMO

Si tuviera una flor por cada vez que
pienso en ti, podría caminar
por siempre en mi jardín.

CLAUDIA GRANDE

¿Es un gran compañero de matrimonio?

1. ¿Le da a su cónyuge un abrazo o un beso cada mañana?

2. ¿Busca oportunidades para expresar su amor?

3. ¿Sorprende a su cónyuge con cumplidos y regalos?

4. ¿Deja a un lado molestias o diferencias que ocasionarían conflictos?

5. ¿Hace con regularidad las cosas a la forma de él?

6. ¿Se toman el tiempo para tener conversaciones profundas?

7. ¿La escucha en verdad?

8. ¿Dice «Lo siento» de vez en cuando?

9. ¿Permite que su cónyuge «pierda la calma» de vez en cuando?

10. ¿Oran el uno por el otro con regularidad?

11. ¿Muestra su amor aun cuando no se siente con ganas?

12. ¿Solo tiene ojos para su pareja?

13. ¿Le cuenta sus sueños y habla sobre cómo hacerlos realidad?

14. ¿Espera amarlo y quererlo «mientras ambos vivan»?

15. ¿Le dice a menudo «Te amo»?

Seis pasos hacia la reconciliación

1. Cuide sus actitudes.

2. Evite o abandone cualquier relación romántica con algún otro adulto.

3. Comprenda que el divorcio no conducirá a la felicidad personal.

4. Entienda que su dificultad matrimonial la causan los cónyuges, no por alguien de afuera. Por lo tanto, cada uno debe trabajar a fin de reconciliarse.

5. No tengan citas durante el período de separación.

6. Avancen con lentitud al realizar cualquier papel para la separación legal.

DR. GARY CHAPMAN
De *Hope for the Separated*
[Esperanza para los separados]

CONSEJOS PRÁCTICOS

Veintiuna cosas que cada pareja debería saber

- Las cualidades de su cónyuge que despertaron su interés cuando se conocieron.
- Cómo darle a su cónyuge una expresión visible de amor.
- La importancia de mirar a los ojos de su cónyuge mientras escucha.
- Un elogio al día no es demasiado.
- Los buenos recuerdos no tienen precio sin importar lo que cuesten.
- La importancia de cortejar después de casados.
- Cómo hacer sonreír a su cónyuge.
- La sencilla intimidad de tomarse de las manos.
- Un lugar romántico al que se pueda ir caminando desde su hogar.
- Los regalos inesperados ocasionan gran placer.
- Los matrimonios se construyen sobre pequeñas expresiones de afecto.

- Cómo apreciar y aceptar las diferencias en su pareja.

- Cómo decir «Lo siento».

- Cómo estar más de acuerdo y discutir menos.

- Ser la persona idónea es más importante que intentar cambiar a su cónyuge para que sea la persona idónea.

- Cómo hacer de cada aniversario una celebración especial.

- Un matrimonio que se cultiva se torna mejor y más fuerte con los años.

- Los consejos para tener un gran matrimonio no resultarán a menos que los aplique.

- Las cosas que ocasionan los sentimientos heridos.

- El valor de un abrazo.

- Su cónyuge es de un valor incalculable.

DOUG FIELDS
Seleccionado de *365 Things Every Couple Should Know*
[365 Cosas que cada pareja debería saber]

Hable sobre cómo quisiera celebrar estas fiestas

Cumpleaños

Aniversario de bodas

Navidad o Hanukah

Fin de año

Día de San Valentín

Pascua

Día de las Madres

Día de los Padres

Un regalo para su cónyuge

El regalo de la amistad:

Ser el mejor amigo posible.

Hable sobre sus expectativas en estas esferas

Romance

Finanzas

Aspecto físico

Carrera

Educación

Amistades

Recreación

Fe

Familia extendida

Hijos

Mascotas

Compartir las tareas de la casa

Pasatiempos

Feriados y vacaciones

Las quince obras literarias más románticas

1. *Romeo y Julieta*, William Shakespeare

2. *Jane Eyre*, Charlotte Brontë

3. *Emma*, Jane Austen

4. *Lo que el viento se llevó*, Margaret Mitchell

5. *Regalo de Reyes*, O. Henry

6. *Don Quijote*, Miguel de Cervantes

7. *Ana Karénina*, León Tolstói

8. *Cumbres Borrascosas*, Emily Brontë

9. *La calle del delfin verde*, Elizabeth Goudge

10. *El doctor Zhivago*, Boris Pasternak

11. *Espartaco*, Howard Fast

12. *Ben-Hur*, Lew Wallace

13. *Pigmalión*, George Bernard Shaw
    [base para *Mi bella dama*]

14. *Sonetos del portugués*, Elizabeth Barrett Browning

15. *Cantar de los cantares*, Salomón

DAVID KOPP Y HEATHER HARPHAM KOPP
Autores de *Love Stories God Told*
[Ame las historias que dijo Dios]

Las nueve mejores películas románticas

1. *La Bella y la Bestia* (1940)

2. *Casablanca*

3. *El doctor Zhivago*

4. *Lo que el viento se llevó*

5. *Vacaciones en Roma*

CONSEJOS PRÁCTICOS

6. *La tierra de sombras*

7. *Pide al tiempo que vuelva*

8. *Dos vidas contigo*

9. *Cumbres Borrascosas*

COMPILADO POR DAN MCAULEY
Experto en cine

Cómo amarlo de manera incondicional

1. Muestre gracia para con sus debilidades

2. Afírmelo siempre que pueda.

3. Ayúdele a sentirse seguro.

4. Tome tiempo para relacionarse.

5. Estúdielo.

GARY ROSBERG
Extractado de *Las 5 necesidades
de amor de hombres y mujeres*

Cómo amarla de manera incondicional

1. Aliéntela.

2. Esté junto a ella.

3. Elógiela.

4. Respete su opinión.

5. Hable con ella... y escuche.

6. Sea tierno con ella.

7. Pase tiempo con ella.

8. Sírvala.

Barbara Rosberg
Extractado de *Las 5 necesidades
de amor de hombres y mujeres*

Consejos diarios para su matrimonio

1.

Cuéntele los sucesos del día.

2.

Renueve declaraciones respecto a la relación.

«Te amo».

«Eres especial para mí».

«Te extrañé».

«Anhelaba estar contigo».

3.

Acaríciense el uno al otro en forma significativa: abrazos,
besos, tómense de las manos, siéntense juntos.

4.

Recuerden que el compromiso lleva a la comunicación;
la comunicación estimula el perdón; el perdón ofrece gracia,
lo cual promueve la intimidad.

5.

Muestre su aprecio por algo que haya
hecho su cónyuge: dele las gracias.

6.

Túrnense para preguntar y explicar
cuándo se malinterpretaron el uno al otro.

7.

Expresen sus esperanzas y sueños,
algo básico para una relación cercana.

8.

Sea un buen oyente... es posible que no haga falta una respuesta.

GLENDA HOTTON, MAESTRÍA EN ARTES
Consejera

UN REGALO PARA SU CÓNYUGE

EL REGALO DE LOS SUEÑOS:

Planificar juntos el futuro con el

compromiso de que pasarán el resto

de sus días juntos.

CONSEJOS PRÁCTICOS

Cuando la situación es difícil, pregunte...

---

* ¿Cómo nos beneficiamos de esta situación?

* ¿Cómo deberíamos lidiar con la situación en una forma positiva?

* ¿Cómo usamos esto para fortalecer nuestro matrimonio?

* ¿Qué podemos hacer o decir para aliviar nuestros temores mutuos, permitiendo que la comunicación sea abierta y sincera?

* ¿Cómo nos alentamos el uno al otro?

DUANE STORY Y SANFORD KULKIN
De Body and Soul [Cuerpo y alma]

Sugerencias sobre cómo servir a su cónyuge

1. Admita delante de su cónyuge que ha cometido errores y que desea cambiar.

2. Pídale a su cónyuge que le diga una cosa que le gustaría que comenzara a hacer o dejara de hacer a fin de que la vida sea más fácil o más significativa.

3. Escriba las sugerencias de su cónyuge en una tarjeta o en un cartel para referencias futuras.

4. Pídale a Dios que le ayude a servir a su cónyuge mejor.

5. Siga pidiendo sugerencias, incorporándolas a su estilo de vida. Esto requerirá concentración, oración y disciplina, pero vale la pena esforzarse por la satisfacción de servir de verdad a su cónyuge.

GARY CHAPMAN
De la revista *Decision*

El amor...

- El amor es paciente

- Es benigno

- No es celoso

- Ni es envidioso

- No es presumido

- Ni orgulloso;

- No es arrogante

- Ni egoísta

- Ni grosero

- No trata de salirse siempre con la suya

- No es irritable

- Ni quisquilloso

- No guarda rencor

- No le gustan las injusticias

- Se regocija cuando triunfa la verdad

- Es fiel, cuéstele lo que le cueste

- Siempre confía

- Espera lo mejor

- Defiende

- Siempre existirá

EL APÓSTOL PABLO
Extractado de 1 Corintios 13:4-8, LBD

Diez razones por las que el divorcio no es la respuesta

1. Rara vez soluciona el problema.

2. Es un desastre financiero.

3. Bloquea el crecimiento y
   la madurez personal.

4. Lo prepara a uno para repetir
   la dificultad con otra persona.

5. Endurece su corazón.

6. Debilita su fe.

7. Acrecienta su soledad.

8. Devasta a sus hijos.

9. Lastima a los amigos y
   familiares.

10. Impacta su herencia.

CONSEJOS PRÁCTICOS

Veinte recuerdos matrimoniales

Cartas de amor. Busquen las primeras cartas de amor y las notas de afecto que se enviaron los dos. Colóquenlas sobre papel rojo y dibuje corazones rosa y rojos sobre ellas.

Su invitación de bodas. Coloque la invitación de este día especial sobre un papel colorido que haga juego con el tema de la boda.

Anuncios en periódicos sobre su boda, aniversarios y cumpleaños de la familia. Copie estos anuncios sobre papel neutro, de manera que no tenga periódicos amarillentos en su álbum de recortes.

Foto de feriado familiar. Tome una foto cada año delante de su árbol de Navidad, o de su chimenea, o de su jardín. Monte cada foto sobre un papel rojo y verde; asegúrese de escribir el año debajo de cada foto.

Postales de vacaciones. Cree un montaje con las postales; no olvide incluir las fechas de sus viajes.

Pedazos de tela de su vestido de bodas. Colóquelos dentro de un álbum de fotos. También puede incluir la tela de los vestidos de sus damas o una cinta o un caramelo de cortesía de su día de bodas.

Su canción. Busque la letra de «su» canción y colóquela sobre papel negro; añada pegatinas con notas musicales.

Foto de su primera casa o apartamento. Coloque la foto sobre un papel de color que combine. Escriba sus pensamientos y sentimientos sobre este primer hogar.

Recibos. Cree una página con recibos, desde su luna de miel, el primer pago de su casa, el primer auto que compraron, recibos de la tienda de víveres, etc. Luego incluya recibos similares de quince, veinte o treinta años más tarde.

Tarjeta de Navidad. Coloque una muestra de la tarjeta de Navidad que envía cada año en su álbum de recortes o colóquela en un álbum de fotos de bolsillo.

Billetes y programas. Monte los talones de los billetes y programas de sus obras de teatro, conciertos o eventos deportivos favoritos; luego agregue su propio comentario o recuerdo especial de la actividad.

Libros, películas y canciones. Haga listas de libros, películas y canciones que han disfrutado juntos; luego colóquelas sobre un papel colorido.

Foto de las generaciones de la familia. Tome una foto con tantos miembros de la familia como sea posible. Colóquela sobre una cartulina y luego escriba su propio árbol familiar en la página opuesta.

Fotos de mascotas. Gatos, perros, peces, cerditos de la India, incluso la de una rana si la tuvieron por un día. Corten algunas de las fotos para que parezcan las huellas de sus patas; escriba la historia de cómo consiguieron su mascota y cuánto representa para su familia.

Tradiciones. Haga una lista de sus tradiciones favoritas. Escríbalas con buena caligrafía o con otra letra elegante.

Cita bíblica o frase. Escriba un versículo bíblico o una frase que les haya inspirado a ambos. Expliquen el porqué de su significado.

¡Fotos, por supuesto! Fotos suyas y de su cónyuge que lograron recuerdos imborrables durante sus vacaciones, feriados, tiempos de diversión con los niños y otras actividades favoritas.

Tarjetas especiales de familiares y amigos que les enviaron por su boda, cumpleaños, aniversario o sin ninguna razón en particular. Colóquelas en esos álbumes de fotos de bolsillo, de manera que las pueda sacar y leer de nuevo.

ÁNGELA DEAN LUND
Consultora de Recuerdos Creativos

Hablen sobre estas cosas

- ¿En qué piensa cuando se imagina la intimidad y la cercanía?

- ¿Qué es el romance para usted? ¿Necesita del romance para estar de humor para la relación sexual?

- ¿Cuáles son los factores positivos sobre su vida de amor?

- ¿Qué le da mayor satisfacción sexual? ¿Qué cree que sea lo que le da mayor satisfacción sexual a su cónyuge?

- ¿Qué tan a menudo le gustaría hacer el amor?

- ¿Cuántos abrazos tiernos necesita antes y después del contacto sexual? Defina esto en términos de minutos si es necesario.

- ¿Cuáles son las fantasías que anhelan satisfacer el uno al otro?

- ¿Qué tipo de cambios necesitarían para mantener la relación sexual fresca y en aumento?

DAVID Y CLAUDIA ARP
Adaptado de *Love Life for Parents* y *10 Great Dates*
[Vida de amor para los padres y 10 grandes fechas]

Fuentes para una conversación más profunda

1. ¿Cuál es la cosa más feliz que te ha ocurrido?

2. ¿Cuál fue la experiencia más difícil de tu vida?

3. ¿Cuáles son tus ambiciones secretas, las metas para tu vida?

4. ¿Cuáles son tus temores más profundos?

5. ¿Qué es lo que más aprecias de mí?

6. ¿Qué características mías te gustaría que cambiara?

7. ¿Qué persona es la que más admiras?

CAROLE MAYHALL
Extractado de *Lord, Teach Me Wisdom*
[Señor, impárteme sabiduría]

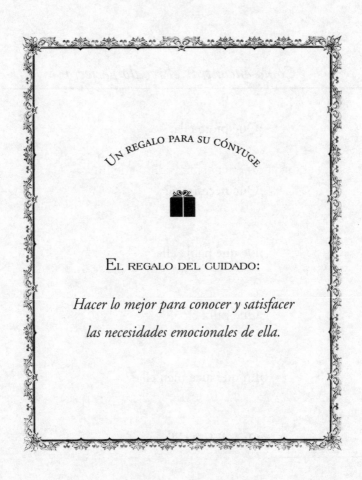

UN REGALO PARA SU CÓNYUGE

EL REGALO DEL CUIDADO:

*Hacer lo mejor para conocer y satisfacer
las necesidades emocionales de ella.*

Cómo encontrar el regalo perfecto

- ¿Qué pidió ella?

- ¿Qué necesita él?

- ¿De qué habla ella?

- ¿Qué mira él?

- ¿En qué luce bien ella?

- ¿Qué disfruta él?

- ¿Qué ha disfrutado ella en el pasado?

- ¿Cuáles son los pasatiempos e intereses de él?

- ¿Qué colecciona ella?

- ¿Adónde le gusta ir a él?

- ¿Qué la ayuda a distenderse?

- ¿En qué sueña él?

TAMI STEPHENS
Una compradora con sensibilidad

Regalos de aniversario de bodas

1—Papel o relojes

2—Algodón o vajilla

3—Cuero o vidrio

4—Flores o pequeños utensilios

5—Madera o vajilla de plata

6—Hierro o caramelo

7—Lana o cobre

8—Bronce o lino

9—Arcilla o cuero

10—Aluminio o diamante

11—Acero o joyas

12—Seda o perlas

13—Encaje o telas

14—Marfil o joyas de oro

15—Cristal o relojes

20—Vajilla o platino

25—Plata

30—Perla

35—Coral o jade

40—Rubí

45—Zafiro

50—Oro

55—Esmeralda

60—Diamante

75—Diamante

Afirmaciones de fe para un esposo

Mantendré a mi esposa cerca de mi corazón.

La protegeré.

La elogiaré en público.

Le haré cumplidos.

La valoraré y atesoraré.

La escucharé.

Siempre le seré fiel.

Nunca la maltrataré ni la abandonaré.

La amaré noche y día.

Envejeceré junto a ella.

Seleccionado de la *Santa Biblia*

Afirmaciones de fe para una esposa

Estaré junto a mi esposo.

Seré digna de confianza.

Enriqueceré su vida.

Apreciaré lo que es y lo que hace.

Me preocuparé por sus necesidades.

Ansiaré estar con él.

Compartiré mi cuerpo con él.

Cooperaré y trabajaré con él.

Le amaré y respetaré.

Odiaré el divorcio.

Seleccionado de *La Santa Biblia*

SABIDURÍA PARA EL MATRIMONIO

*¿Puede haber algo mejor para dos
almas humanas que sentir que están
unidas... para fortalecerse entre sí... para
estar el uno con el otro en inefables
recuerdos silenciosos?*

GEORGE ELLIOT

*La amabilidad es la sangre de la vida y
el elixir del matrimonio.*

RANDOLPH RAY

*Un matrimonio feliz es la unión
de dos buenos perdonadores.*

ROBERT QUILLEN

De corazón a corazón

Dios no creó a la mujer de la cabeza del hombre

para que la pudiera mandar,

ni de sus pies para que fuera su esclava,

sino más bien de su costado

para que estuviera cerca de su corazón.

PROVERBIO HEBREO

Votos matrimoniales tradicionales

En las buenas

y en las malas;

en riqueza

y en pobreza;

en salud

y enfermedad;

para amar,

honrar

y cuidar,

hasta que la muerte nos separe.

Listas para nuestro matrimonio

Promesas que queremos hacer para el futuro...

_____

_____

_____

_____

_____

_____

_____

_____

_____

_____

Listas para nuestro matrimonio

Cómo nos ayudamos el uno al otro para tener éxito...

_____

_____

_____

_____

_____

_____

_____

_____

_____

Listas para nuestro matrimonio

Cosas que queremos hacer juntos...

_____

_____

_____

_____

_____

_____

_____

_____

_____

_____

Listas para nuestro matrimonio

Formas de mostrarnos que nos amamos...

_____

_____

_____

_____

_____

_____

_____

_____

_____

_____

Listas para nuestro matrimonio

Cosas por las que necesitamos disculparnos...

_____

_____

_____

_____

_____

_____

_____

_____

_____

_____

CONSEJOS PRÁCTICOS

Listas para nuestro matrimonio

Cosas que necesitamos perdonar y dejar atrás...

_____

_____

_____

_____

_____

_____

_____

_____

_____

_____

Listas para nuestro matrimonio

Regalos para obsequiarnos...

_____

_____

_____

_____

_____

_____

_____

_____

_____

_____

Reconocimientos

Para esta colección se investigaron cientos de libros y revistas y se entrevistaron docenas de profesionales. Se realizó un diligente esfuerzo con el fin de atribuir la propiedad original de cada lista para obtener, cuando fue necesario, permiso de reimpresión. Si hemos pasado por alto a alguien al reconocer su mérito, por favor, sepan aceptar nuestras disculpas. Si se comunicara con Multnomah Publishers, Inc., P.O. Box 1720, Sisters, Oregón 97759, enviando documentación por escrito, se realizarán las correcciones correspondientes antes de futuras publicaciones.

Las notas y reconocimientos en esta compilación bibliográfica se encuentran en orden de aparición de cada lista y en los estilos designados por las fuentes. Para autorización en cuanto a la reimpresión de este material, solicítela de la fuente original. Los editores reconocen con gratitud a los autores, editores y agentes que concedieron el permiso para reimprimir estos listados.

Los listados sin referencia los compilaron los editores.

«Los cinco lenguajes del amor» de Gary Chapman en *Los cinco lenguajes del amor*. Copyright © 1996. Publicado por Editorial Unilit. Usado con permiso.

«Cosas para decir a su cónyuge» del Dr. Steve Stephens en *Marriage: Experience the Best* [Matrimonio: Experimente lo mejor]. Copyright © 1996. Publicado por Vison House Publishers, Gresham, OR. Usado con permiso del autor.

Wounded Marriages Can Be Healed [Esperanza para los separados: Los matrimonios heridos pueden ser sanados].

«Veinte recuerdos matrimoniales» de Ángela Dean Lund, Bend, Oregón. Usado con permiso de la autora.

«Hablen sobre estas cosas» de David y Claudia Arp en la revista *Marriage Partnership*, adaptado de *Love Life for Parents y 10 Great Dates* [Vida de amor para los padres y 10 grandes fechas] (Zondervan, 1997) y *Love Life for Parents y 10 Great Dates* [Vida de amor para los padres y diez grandes fechas] (Zondervan). David y Claudia Arp, fundadores de Marriage Alive, son educadores, conferenciantes nacionales y líderes de seminario, además son autores de numerosos libros incluyendo *10 Great Dates* y *The Second Half of Marriage* (ambos de Zondervan). Sitio Web: www.marriagealive.com. Correo electrónico: TheArps@marriagealive.com.

«Fuentes para una conversación más profunda» de Carole Mayhall, condensado de *Lord, Teach Me Wisdom* [Señor, impárteme sabiduría]. Usado con permiso de la autora.

«Cómo encontrar el regalo perfecto» de Tami Stephens, Clackamas, Oregón. Usado con permiso de la autora.

«Afirmaciones de fe para un esposo», seleccionado de la *Santa Biblia*.

«Afirmaciones de fe para una esposa», seleccionado de *La Santa Biblia*.